AF337511

LES
OUVRIERS CATHOLIQUES
ET LA GRANDEUR DE LA FRANCE

CONFÉRENCE

FAITE AU CERCLE CATHOLIQUE D'OUVRIERS DES CHARTRONS

Par M. PRINCETEAU.

BORDEAUX

SECRÉTARIAT DU COMITÉ

7, rue du Temple.

—

1877

LES OUVRIERS CATHOLIQUES

ET LA GRANDEUR DE LA FRANCE

Messieurs,

On m'a fait l'honneur de m'inviter à vous adresser quelques paroles.

J'ai accepté avec d'autant plus de plaisir que je savais trouver ainsi l'occasion de faire, d'une façon plus intime, connaissance avec vous de qui me rapprochait déjà l'avantage que j'ai de faire partie de l'Œuvre des Cercles catholiques.

Mais quel sujet pourrai-je choisir, qui déjà n'ait été traité devant vous ?

N'êtes-vous pas, en effet, les enfants gâtés d'esprits et de cœurs d'élite qui, chaque jour, vous prodiguent ici les trésors de leur dévouement et de leur savoir ?

Venant après eux, je ne pourrai rien vous apprendre. Je ne puis que vous apporter le dévouement d'un cœur de plus ; je vous prie de l'accepter et de m'accorder en retour, votre bienveillance, votre sympathie, j'oserai dire, Messieurs, votre amitié !

En entrant ici, j'ai vu au-dessus de cette porte une inscription qui dit à tous ceux qui passent qui vous êtes et pourquoi vous êtes ici.

Vous êtes des Chrétiens, et vous êtes ici au nom de la Croix qui promet la victoire. Je vous en félicite et je suis fier d'être avec vous.

Messieurs, Dieu vous a choisis pour la gloire de son nom. Il est allé vous chercher où vous étiez, bien loin de lui, peut-être !

En effet, avant de répondre à l'appel de ceux qui les conviaient à venir connaître ici les grandes choses que Dieu a faites pour eux, quelques-uns d'entre vous, j'en suis certain, vivaient dans un état peu conforme au baptême qu'ils ont reçu, et peu digne de l'intelligence dont ils sentent en eux le travail et la force.

Ils avaient peur ! Ils avaient peur de ceux qui eux-mêmes ont peur de venir ici; ils avaient peur de nous, des prêtres, de la religion, de Dieu !

Ceux qui voudraient vous retenir loin de notre amitié, ont calomnié nos intentions et nos actes; ils ont tenté de réduire à la mesquinerie de leurs attaques la grandeur de l'œuvre de Dieu; ils ont inventé un ridicule et un mensonge contre la puissance de nos efforts; ils vous disent que nous sommes des *marguilliers*. Leurs coups ne nous atteignent point. Quoi qu'ils disent, ce mot désignera toujours le grand honneur d'une vie chrétienne, vouée au service de Dieu !

Oui ! nous sommes des marguilliers, nous en acceptons la gloire ! Mais devant les audaces de l'impie, le marguillier devient soldat de Dieu. Et n'a-t-il pas montré, dans des heures terribles, comment le soldat de Dieu sait être le soldat de la France ?

Quand Charlemagne, la couronne au front et l'épée au côté, chantait au lutrin les psaumes de l'Eglise, était-il donc un marguillier ridicule ?

Non, Messieurs, c'était la grande force de l'Homme au service de Dieu; c'était la France élevée au-dessus de toutes les nations, par la main de Celui dont la gloire est au-dessus des cieux. — Eh bien ! Messieurs, nous, marguilliers de l'Eglise du Christ, nous vous proposons de suivre l'étendard de ce héros chrétien, et de vous enrôler dans sa vaillante milice.

Nous ne voulons plus de cœurs timides, de caractères abaissés, d'âmes sans espérances et sans courage. Voilà nos ridicules!

« *Nous voulons des cœurs fidèles et fiers, qui ne* » *chancellent, qui ne descendent jamais; des cœurs* » *indomptables, toujours prêts à lutter ; des cœurs* » *libres, jamais séduits, jamais esclaves; des cœurs* » *droits, qu'on ne trouve jamais dans les voies tor-* » *tueuses.* »

Nous voulons faire de vous des citoyens, qui n'aient pas peur d'une épée et ne rougissent point d'un chapelet. Voilà nos hypocrisies :

Dites leur donc, à ceux qui se moquent des marguilliers, d'en faire autant !

Je les en défie !

Il faudrait vous respecter et ils ne vous respectent pas.

— Dieu a commencé notre œuvre en vous affranchissant de ces faux amis. Il vous a conduits ici, pour faire de tous vos cœurs un seul cœur, de toutes vos âmes une seule âme. Lui-même est devenu le lien sacré qui vous unit, et le serment que vous avez fait de le servir, est assurément le premier acte de liberté qui ait ennobli votre vie.

Ici, en effet, et ici seulement, vous êtes libres!

Ignorant ou coupable qui parle de liberté en dehors de Dieu! Il n'y a de liberté que par sa loi sacrée, parce que, en elle seulement, se trouve le secret divin du respect des droits de l'homme dans le respect des droits de Dieu. Et cette liberté, ainsi conquise, vous la rendez puissante et féconde, en l'abritant sous les bras de cette croix, qui du sang d'un Dieu, la fit jaillir sur le monde!

Que dis-je, Messieurs, vous la rendez invincible par le cœur sacré de ce Dieu qu'un bonheur qui vous était bien dû a placé, au milieu de vous, dans cette enceinte, pour mieux répondre à votre amour par ses bénédictions.

Ah! Messieurs, cette intimité trois fois sainte émeut profondément mon âme ; elle troublerait ma parole, si je n'y trouvais un refuge pour ma faiblesse, en même temps qu'un espoir en ce Dieu qui fait les forts, devant lequel j'incline mon front et auquel je soumets toutes mes pensées.

In hoc signo vinces !

Par ce signe, vous serez vainqueurs!

En acceptant cette belle devise, emblême d'élection divine, vous avez pris un grand engagement, celui d'être fidèles à Dieu et de combattre ses ennemis partout et toujours.

C'est à ce prix et dans ce but que la victoire fut promise par Dieu, et je veux vous dire en quelles circonstances.

On vous l'aura certainement raconté, mais on ne peut trop vous le redire, car, Messieurs, il faut que vous connaissiez bien cette belle histoire, afin de bien comprendre le grand honneur que Dieu vous a fait en vous choisissant pour ses soldats et surtout, afin d'être à la hauteur des grands devoirs que ce choix vous impose.

Vous avez dû voir, dans la partie de notre Cité qui s'étend aux environs de l'église Saint-Seurin, une ruine désignée sous le nom de Palais-Gallien.

Ce fut jadis un magnifique Palais. Il avait été construit par un peuple appelé le peuple Romain.

Ce peuple habitait l'Italie, et Rome était sa capitale.

Avant la naissance de Jésus-Christ, Dieu eut besoin de ce peuple pour préparer la terre à recevoir son Divin Fils. Il s'en servit en lui permettant de devenir le maître de toutes les nations.

C'était un peuple de vaillants soldats. Sous la main de Dieu, il porta partout ses armes victorieuses, et il domina longtemps sur le pays que nous habitons aujourd'hui.

Après la mort de Jésus-Christ, Dieu eut encore besoin de ce peuple, et voici comment il s'en servit :

Le peuple romain fut agité par de grandes guerres civiles. Deux empereurs furent nommés en même temps.

L'un, appelé Constantin, n'était point contraire au développement du christianisme. C'était un homme éclairé.

L'autre, appelé Maxence, persécutait les chrétiens. C'était un homme vicieux et sans lumières.

Il voulait étouffer dans le sang les anathèmes d'une loi qui condamnait ses vices, et sa stupidité applaudissait aux fables inventées sur nos saints mystères par des sophistes à ses gages.

Il était d'une race qui n'est point encore éteinte !

Une guerre éclata entre ces deux empereurs.

Maxence, persécuteur des chrétiens, était établi dans Rome; il avait les bourreaux sous la main, et d'un geste, il pouvait mettre en travail ces confidents de ses iniquités. Le bien des pauvres et le denier du Christ payaient le personnel de la persécution et les tortures des martyrs fournissaient aux tristes joies d'un peuple avili.

Maxence se croyait déjà le maître du Monde, mais le sang des chrétiens criait contre lui, et Dieu devait punir celui dont le bras s'était levé contre son œuvre et contre son nom.

Il faut, en effet, que vous sachiez que Rome, que l'histoire appelle la ville éternelle, a été choisie par Dieu, pour être l'instrument de ses volontés, la citadelle de sa doctrine, le siége infaillible de la vérité.

Rome appartient à Dieu, elle doit être à son service. La domination de l'erreur et du crime ne peut y être que passagère et les puissantes colères du Ciel en balayent bien vite les œuvres des méchants.

Donc, Messieurs, Maxence était condamné par Dieu.

Il avait sous ses ordres des légions considérables. Il était entouré, comme le sont toujours ceux dont les lois se prêtent à tous les crimes, et descendent au niveau de toutes les bassesses.

Les soldats de Constantin, au contraire, étaient peu nombreux ; mais l'esprit de Dieu étaient porté sur leurs Etendards !

Dieu voulait qu'ils fussent vainqueurs. Il fit un prodige qui les enflamma d'un courage surnaturel.

Sous les murs de la ville, une bataille était engagée ; la victoire était indécise, quand tout-à-coup, au milieu d'une nuée lumineuse apparut la croix, dont l'image orne vos murailles, et au-dessus de la croix, Constantin et tous ses soldats purent lire ces mots qui leur promettaient la victoire : *In hoc signo vinces !*

Ils furent vainqueurs, en effet ; Maxence périt, et Constantin devenu seul Empereur, déclara que la religion du Christ serait désormais la religion de ses États.

Le Galiléen avait vaincu, et de la poussière sanglante du Colysée, la croix s'était élevée triomphante dans les airs et jetait déjà sur l'avenir ces majestueuses lumières qui nous éclaireront toujours !

Saluons, Messieurs, les saintes joies des Catacombes portant au soleil d'un jour plus heureux les secrètes merveilles de la vérité persécutée.

Le Chrétien n'était plus un proscrit ! Dans le triomphe de son Dieu il retrouvait son droit éternel de Maître du Monde, pour le léguer avec le privilége du martyre, à nos générations fières de ce double héritage, et dignes encore de défendre contre les bourreaux modernes ce divin patrimoine de la Vraie Foi!

Constantin était un empereur, un soldat, et pourtant, à la face du monde et devant l'histoire, il osait mettre sa vaillante épée au service exclusif des disciples de Jésus-Christ. Il avait vu le miracle, et il osait dire bien haut qu'il l'avait vu. Sa foi n'était point lettre morte, et sous la protection de son bras, l'erreur fit place à la vérité; le bien et le mal cessèrent d'être confondus. L'un et l'autre furent définis et nettement déclarés.

Le bien, ce fut le christianisme ;

Le mal, ce fut sa négation.

Constantin avait rétabli l'ordre, il en assura le maintien en gouvernant pour le Christ et par le Christ.

L'Etat, Messieurs, était chrétien !

Maxence ennemi de Dieu, persécuteur des disciples du Christ, était un artisan du mal.

Dieu promit et donna la victoire à ceux qui combattirent contre Maxence.

Aujourd'hui comme alors : le bien, c'est le christianisme; le mal, c'est sa négation.

Aujourd'hui comme alors les artisans du mal, ce sont les ennemis de Dieu, les persécuteurs des disciples du Christ !

Aujourd'hui comme alors Dieu promet et donnera la victoire à ceux qui combattent contre ses ennemis.

Mais, n'allez pas croire qu'il n'y ait de persécuteurs

que ceux qui font couler le sang des martyrs et qui pillent les églises. On est persécuteur à de plus vulgaires conditions.

Comme toute chose la persécution a des degrés. Les persécuteurs ont leurs complices.

C'est être complice des persécuteurs :

De ne jamais prier ;

De blasphémer le saint nom de Dieu ;

D'insulter les prêtres ;

De travailler le dimanche, pour se réserver le temps de s'enivrer le lundi ;

De vivre dans le désordre et dans la honte ;

De dissiper en coupables plaisirs le pain de la femme et des enfants ;

De ne pas réserver au bonheur de ceux que Dieu nous confiera un jour, les revenus économisés de notre force et de notre jeunesse ;

De manquer de respect au vieux père et à la vieille mère affaiblis, qui, s'ils ne sont plus les soutiens de la famille, en sont toujours la majesté ;

De se révolter contre la Providence ;

Et de refuser au Saint-Sacrement qui passe le salut d'honneur auquel il a droit !

Les coupables de ces complicités sont aujourd'hui les artisans du mal, les persécuteurs du Christ, les destructeurs de la France....

Ah ! ils sont nombreux ! Mais nombreux aussi vont être et sont déjà les défenseurs de la France et les amis de Dieu.

A l'heure présente si solennelle pour notre foi, qui n'est pas pour le Christ, est contre le Christ !

Il n'est plus permis de rester dans le vague d'une

sécurité trompeuse ou d'une indifférence coupable. L'attaque ne se fatigue jamais. Il nous faut agir, et désormais refuser de voir le danger n'est point autre chose que lâcheté devant la nécessité de la défense !

Oh ! merci, Messieurs, de l'avoir compris ! merci de vos efforts pour la sainte cause du bien !

Merci d'être venus ici, sous les inspirations de ceux qui sont vos vrais amis, former la garde d'honneur de la France et de Dieu !

Mais, quand je dis : *former,* en vérité je me trompe, et c'est *reconstituer,* que je devrais dire.

En effet, cet élan et cette union dont nous nous réjouissons ce soir, existaient il y a 200, 300 ans et plus ; ce que vous pensez être aujourd'hui un mérite nouveau, est le retour de votre valeur d'autrefois.

Autrefois il n'y avait point de cercles catholiques d'ouvriers, c'est très vrai, mais tous les ouvriers étaient réunis dans un même sentiment de respect pour les choses saintes.

Le fils était soumis au père, et le père était soumis à Dieu. Sous les bénédictions d'un mariage chrétien, la famille se développait, et dans la pratique de mâles vertus préparait, pour l'atelier des ouvriers habiles et robustes, pour la patrie des cœurs vaillants et des bras vigoureux, pour le ciel des âmes honnêtes !

Chaque métier formait une corporation ou confrérie. Chaque confrérie avait un chef choisi parmi les plus expérimentés et les plus sages, et pour patron : un Saint du Paradis.

L'image vénérée de ce saint protecteur de leurs travaux, marchait toujours en tête de la corporation, et à côté de sa bannière était porté l'étendard de la Reine des cieux.

Ainsi, la foi présidait, alors, aux progrès, restés sans pareils depuis, quoi qu'on puisse dire, de l'industrie, des sciences, des arts, et les divines légendes de la révélation inspiraient ces chefs-d'œuvre de toutes sortes, devant lesquels s'émeut notre faiblesse et s'agite notre orgueil, sans pouvoir les égaler.

Chaque joie de la patrie, chaque souvenir de victoire, chaque émotion de la liberté, était grande fête pour ces pieuses confréries qui, fières de leurs vieux privilèges et de leurs vieilles chartes, allaient porter solennellement leurs vœux et leurs prières aux sanctuaires privilégiés d'alors !

On ne peut se figurer aujourd'hui la courageuse foi et le franc enthousiasme de ces ouvriers catholiques.

Les chroniques du temps nous racontent que lorsqu'ils allaient en procession, ils étaient tellement nombreux, que les derniers étaient encore à Notre-Dame de Paris, quand les premiers arrivaient à la chapelle de Saint-Denis.

Ces vieilles chroniques s'expriment ainsi. « *Et » quand un bout d'icelles processions était à Notre-» Dame, l'autre bout touchait déjà en l'église St-Denis.* »

Or, de l'église de Notre-Dame de Paris à Saint-Denis, il y a dix kilomètres.

Vous le voyez, les ouvriers catholiques se réunissaient et faisaient, comme on dit ironiquement et insolemment aujourd'hui, leurs manifestations, sans les provocations des catholiques de 1877 ; et les

èlerinages n'ont point attendu pour invoquer Dieu en
aveur de la France, qu'il ait plu aux compagnies des
hemins de fer d'autoriser des trains spéciaux.

C'était un grand honneur pour les ouvriers de faire
artie de ces confréries, et chacun d'eux était fier de
a place qu'il y occupait.

Celui qui s'était rendu coupable de quelque faute,
tait puni par l'exclusion temporaire ou définitive,
lus souvent par la défense d'assister avec ses insignes
ux cérémonies. Heureusement ces punitions étaient
ares; les avoir encourues était une tache dans une
amille d'ouvriers, et retardait son avancement dans la
iérarchie de la corporation.

La considération de la famille dépendait donc, non
eulement de la conduite des membres vivants, mais
ncore des souvenirs laissés par ceux qui n'étaient
éjà plus. C'était une juste solidarité de vertus bénie
ar Dieu, aimée et favorisée par les Rois, honorée par
ous.

N'était-ce point aussi, à côté de cette vaillante
oblesse de hardis coups d'épée, de fidélités inébranla-
les et de grands dévouements qui fit la Patrie, une
utre noblesse, toute de travail, de respect de la parole
onnée, et d'amour de la France, demandant à Dieu,
défaut de blason, le signe et l'emblème de la croix,
t gagnant pour ses fils le patrimoine de l'honneur!

Vous êtes ses fils et ses héritiers, aussi avais-je
aison de vous dire :

Vous reprenez et vous continuez les droits et les
rivilèges de vos devanciers, ouvriers catholiques

comme vous ; vous reconstituez la garde d'honneur de la France et de Dieu !

Ah ! Messieurs, ceux qui nous appellent marguilliers, vous auront dit pour vous décourager cette coupable légitimation de toutes les fautes : « Autres temps, autres mœurs. »

Eh quoi ! les temps ne sont-ils pas les mêmes ? L'heure qui éclairait les prières de vos aïeux et celle qui assiste aujourd'hui à vos défaillances ne se confondent-elles pas sous l'éternel regard de Dieu, et ne reçoivent-elles pas de lui la même loi ?

Le soleil de justice n'est pas plus changé que celui de l'espace, et les devoirs de l'homme demeurent immuables comme la Vérité.

Messieurs, il n'est que trop vrai, les mœurs changent, et leurs tristes changements se comptent par des décadences et non par des progrès. C'est la loi fatale des égarés, et c'est le mal dont nous souffrons.

Mais, par une exception toute divine, pour nous, ce mal n'est point sans remède, et cette loi n'est point sans appel.

Dieu dans sa bonté veut encore nous arrêter sur la pente qui conduirait à la dégradation, et nous aider à corriger des mœurs, bien autres, hélas ! que celles qu'il inspire, en nous permettant le mutuel appui de notre énergie et de notre foi !

Nos cœurs peuvent donner aux joies et aux grandeurs d'un passé qu'ils savent mieux connaître un regret encore plein d'espérance et d'ambition de les imiter, et les dégageant des mensonges qui nous les voilèrent, y puiser de sages enseignements et la force d'un retour courageux vers le bien, je puis dire vers le bonheur.

En effet, Messieurs, cette puissante union, que devant Dieu vous consacrez, de gloires chrétiennes, de noms chrétiens toujours sans reproches comme ils furent sans peur, de hautes vertus, de toutes les volontés en travail pour la cause de Dieu, n'est-elle pas la résurrection d'une grandeur trop longtemps oubliée, mais heureusement rappelée par la Providence à votre zèle et à votre courage ?

Ces magnifiques processions qui couronnent aujourd'hui les montagnes de notre belle France de prières et de prodiges, ne sont-elles point encore ces longues files de pèlerins, ouvriers catholiques, partant de Notre-Dame pour aller à Saint-Denis, joyeux retour de vos saints priviléges et de vos saintes libertés ?

Cette pensée nous fortifie par la certitude que de cette façon Dieu veut vous associer à la grande œuvre de régénération qu'il conduit, et vous faire coopérer à ses progrès et à son achèvement.

Sublime mission, Messieurs, mais qui vous impose de bien grands devoirs, car aux grandes prédestinations s'attachent toujours les grandes obligations.

Nous sommes catholiques et Français, et ce double honneur appelle sur nous le double devoir d'aimer Dieu comme catholiques et de le servir comme Français.

Je ne puis résister au désir de vous dire pourquoi le Français doit être catholique plus que le citoyen de toute autre nation, et pourquoi Dieu, attendant des catholiques français plus que des autres catholiques, Vous, Ouvriers Catholiques de Bordeaux, vous avez une plus grande tâche à remplir, que si vous n'étiez pas Français.

Voici pourquoi :

Je vous ai parlé du peuple romain et je vous ai dit comment Dieu s'en était servi pour le triomphe de la Croix.

Quand ce peuple eut cessé d'être un instrument docile à ses volontés, Dieu le brisa. Son empire dut finir, il finit en effet.

Alors des profondeurs de régions lointaines s'élancèrent des peuples, vengeurs providentiels d'un Dieu outragé. Ils se précipitèrent sur l'empire romain, le ravagèrent et se partagèrent ses débris.

Un de ces peuples, Messieurs, portait un nom qui est devenu un mot de notre langue, pour exprimer ce que l'honneur a de plus pur et de plus courageux, il s'appelait : le peuple Franc.

Nous venons de ce peuple, Messieurs, et nous sommes la France !

De même que Dieu s'était servi du peuple romain, de même il se servit de la nation des Francs, de la France, et il la choisit pour être la gardienne fidèle de son Eglise catholique et pour placer et maintenir dans une puissance qui garantit sa liberté, le chef infaillible de cette église, le Pape, Pontife et Roi!

Voici comment le choix de Dieu se manifesta :

Le chef des Francs, Clovis, n'était point chrétien,

mais Dieu l'avait uni à une sainte femme qui était une grande reine.

Clothilde était son nom. Elle était chrétienne et s'efforçait de faire connaître à son vaillant époux les beautés et les douceurs de la religion catholique.

Longtemps, les efforts de Clothilde furent sans effets, mais Dieu préparait à ce grand roi la plus belle des gloires, celle de faire de tous les Français... des Chrétiens!

Il arriva que Clovis fut en guerre avec un grand peuple....

Ah ! Messieurs, le Dieu que nous avons méconnu inflige aujourd'hui à notre fierté nationale une douloureuse expiation.

Au souvenir de notre première victoire et de son premier bienfait, sont liés, désormais, l'amère pensée de nos désastres et le remords de notre ingratitude...

Ces ennemis que les Francs, commandés par Clovis, allaient combattre, étaient un peuple duquel devait naître plus tard une nation dont nous ne pouvons plus entendre prononcer le nom; une nation, sur le sol de laquelle quelques-uns de vous, sans doute, ont eu un ami, un parent, un fils prisonnier, victime... peut-être; une nation qui, après avoir massacré des Français, se déshonore encore en persécutant des catholiques !

Vous l'avez reconnue, Messieurs, et vous me remerciez de ne pas la nommer.

Un jour les armées sont en présence.

On donne le signal du combat. Les bataillons

s'ébranlent, se heurtent, se renversent. La mêlée est sanglante.

A la tête des siens, Clovis, à cheval, domine les combattants et poursuit avec furie une victoire qui, hélas! le fuit.

Ses soldats plient en effet, ils reculent, tout est perdu. Le roi va être pris.

Alors, Messieurs, Clovis se souvient du Dieu de Clothilde.

Il arrête son cheval, et les bras levés vers le Ciel, d'une voix dont la puissance dominant le fracas de la mêlée va toucher au cœur le plus éloigné de ses soldats, il s'écrie :

« O Christ ! que Clothilde adore comme le fils du » Dieu vivant, j'implore votre secours.

» Donnez moi la victoire, et je me ferai baptiser en » votre nom. Je vous consacre mon bras et mon » épée. »

C'était pour Vous, Messieurs, pour la France qu'il consacrait à Dieu par ces paroles, que le Roi priait ainsi!

Plut au ciel qu'on eût ainsi prié pour nous, dans les jours de bataille; nos armes eussent été bénies, nous n'eussions pas été vaincus!

Dieu entendit le vœu de Clovis et l'exauça. A l'instant même, les ennemis frappés de panique fuient en désordre. Le Christ est vainqueur, la France est sauvée.

Le lendemain, Clovis et les compagnons de son vœu et de sa victoire, demandaient à l'archevêque de

Reims, qui devait plus tard être appelé Saint Remy, les premiers enseignements du christianisme.

Quelques mois après, aux portes de la royale basilique de Reims, se pressait tout un peuple qui voulait être baptisé.....

Comme aux champs de Tolbiac, son Roi marchait devant lui!

Clovis venait porter au Dieu des armées l'hommage de sa victoire et présenter à ses bénédictions les nouveaux élus de sa Providence, les Fondateurs de notre Patrie et de notre Foi.

Des milliers de héros, nos pères, à genoux devant la croix de Jésus, juraient de combattre pour Elle, et sous les voûtes sacrées l'écho de leur serment disait déjà le cri de nos triomphes :

« Noël! Noël! Gloire au Christ! »

C'était le baptême de la France!

Depuis ce grand jour la France fut appelée la fille aînée de l'Eglise.

Ne l'oubliez jamais, Messieurs, car ce beau nom est son titre au respect des nations et son droit infaillible de victoire, le jour où redevenue fidèle à la grandeur de ses destinées, elle brisera de son épée les faux dieux qu'elle subit.

Je vous disais : aux grandes prédestinations s'attachent les grandes obligations.

Vous en verriez des preuves éclatantes, si j'avais le temps de vous exposer toute la vie de la France depuis son baptême avec Clovis, jusqu'à l'heure où nous sommes.

Je vous aurais montré que sa fortune a été grande et belle tant qu'elle a été fidèle à la cause du Christ, et que le malheur l'a frappée toutes les fois qu'elle a oublié de rester catholique.

La même loi règle la grandeur des familles et la prospérité des nations.

Notre pauvre pays a trahi la cause de Dieu à la face des nations; chacun de nous a trahi la cause de Dieu à la face de la famille; nous avons été châtiés.

Mais Dieu ne réserve-t-il pas à la France, comme solennelle expiation et réparation triomphante, la gloire de relever le drapeau de la foi catholique, et de trouver sa nouvelle fortune dans ce nouvel éclat de son honneur ?

Vous l'espérez et je l'espère avec vous.

Aussi, vous êtes à l'œuvre, et vous voici à votre poste, fermes et inébranlables, car votre respect humain ne s'étonne plus d'entendre dire de vous : « *Ceux là aussi sont avec Jésus de Nazareth.* »

Oui, vous êtes avec lui, et par sa sagesse qui confond les Scribes et les Docteurs. — vous voulez la restanration des Droits de Dieu dans la Famille, — vous voulez la restauration des Droits de Dieu dans l'Etat, — vous voulez que le Crucifix, ce talisman sacré de vos bonheurs, protége le berceau de vos enfants, qu'il bénisse vos demeures, qu'il orne vos poitrines, qu'il soit la sauvegarde de vos fils et de vos filles, qu'il sanctifie vos vieillards au lit de mort et qu'il leur ouvre le Ciel!

C'est pourquoi vous êtes ici.

Restez-y, mes chers amis, et fortifiez chaque jour votre bataillon sacré.

A vous, Ouvriers Catholiques, force légitime et trop méconnue de notre pays, le droit et la gloire de porter et de conserver dans vos masses la Vérité et la Foi, afin que par vous, elles s'élèvent au sommet de l'Etat, et que de là elles rayonnent dans nos mœurs, dans nos institutions, dans nos Lois, et ramènent notre chère Patrie à ses immortelles traditions de fille aînée de l'Eglise.

Messieurs,

Les insulteurs de Dieu souillent la France! Je vous en supplie, rendez-lui son honneur!

Rendez-lui son honneur, en répétant ce cri que le Ciel, en un jour de salut et pour la paix des hommes, fit entendre à des ouvriers, aux plus humbles des ouvriers de la terre, aux pasteurs de la montagne. Vous vous en souvenez !

Ce cri disait : Gloire à Dieu au plus haut des cieux!

Messieurs, c'est votre cri de victoire, c'est l'hymne sacré de la vraie liberté.

ADRESSES :

SECRÉTARIAT DU COMITÉ DE BORDEAUX, r. du Temple, 7

CERCLE DE SAINT-SEURIN, rue Saint Etienne, 10;

CERCLE DE SAINT-NICOLAS, route d'Espagne, 90;

CERCLE DES CHARTRONS, cours Saint-Louis, 39.

Imp. Adrieu Boussin, rue Gouvion, 20

www.ingramcontent.com/pod-product-compliance
Lightning Source LLC
Chambersburg PA
CBHW061828060726
47597CB00008B/3400